BEI GRIN MACHT SICH IHR WISSEN BEZAHLT

AF141807

- Wir veröffentlichen Ihre Hausarbeit, Bachelor- und Masterarbeit

- Ihr eigenes eBook und Buch - weltweit in allen wichtigen Shops

- Verdienen Sie an jedem Verkauf

Jetzt bei www.GRIN.com hochladen und kostenlos publizieren

Erstellung einer einfachen Java-Anwendung zur Verwaltung eines elektronischen Karteisystems

Fabian Schnabel

Bibliografische Information der Deutschen Nationalbibliothek:

Die Deutsche Nationalbibliothek verzeichnet diese Publikation in der Deutschen Nationalbibliografie; detaillierte bibliografische Daten sind im Internet über http://dnb.d-nb.de abrufbar.

ISBN: 9783346970046
Dieses Buch ist auch als E-Book erhältlich.

© GRIN Publishing GmbH
Trappentreustraße 1
80339 München

Druck und Bindung: Books on Demand GmbH, Norderstedt Germany
Gedruckt auf säurefreiem Papier aus verantwortungsvollen Quellen

Das vorliegende Werk wurde sorgfältig erarbeitet. Dennoch übernehmen Autoren und Verlag für die Richtigkeit von Angaben, Hinweisen, Links und Ratschlägen sowie eventuelle Druckfehler keine Haftung.

Das Buch bei GRIN: https://www.grin.com/document/1416829

Schnabel, Fabian

Assignment

Erstellung einer einfachen Java-Anwendung zur Verwaltung eines elektronischen Karteisystems

Studiengang:	Wirtschaftsinformatik - Bachelor of Science (B. Sc.)
Modul:	Programmieren in Java 1
Datum:	04.07.2023

Inhaltsverzeichnis Seite

Abbildungsverzeichnis III

Tabellenverzeichnis IV

1 Einleitung 1
   1.1 Begründung der Problemstellung 1
   1.2 Aufbau und Zielsetzung der Arbeit 1

2 Theoretische Grundlagen und Begriffsdefinitionen 2
   2.1 Programmiersprache Java 2
   2.2 Objektorientierung 2
   2.3 Klassen, Attribute und Methoden 3
   2.4 Unified Modeling Language 4

3 UML-Diagramm Konzeption 5
   3.1 Klasse Adresse 5
   3.2 Klasse Freund 6
   3.3 Klasse Kartei 7
   3.4 Klasse Main 7
   3.5 Gesamtes Karteisystem 8

4 Programmentwicklung in Java 9
   4.1 Entwicklungsumgebung 9
   4.2 Umsetzung der Klasse Adresse 9
   4.3 Umsetzung der Klasse Freund 10
   4.4 Umsetzung der Klasse Kartei 11
   4.5 Umsetzung des Mainprogramms 13
   4.6 Strukturelle Verbesserungen der Anwendung 15

5 Schluss 15
   5.1 Zusammenfassung 15
   5.2 Kritische Würdigung 16

Anhang V
Anhang 1: Gerichtete Assoziation VI
Anhang 2: Aggregation VI
Anhang 3: Komposition VI
Anhang 4: Import von Java Klassen für die Verwendung von Standardmethoden VI
Anhang 5: Ergebnis der Suche nach dem Nachnamen „Müller" VI

Anhang 6: Ergebnis zur Ausgabe aller Freunde in „kartei1".. VII

Anhang 7: Ergebnis zur Berechnung der Gesamtanzahl der Freunde in „kartei1"................. VII

Anhang 8: Ergebnisse durch das Manipulieren von Attributwerten in „kartei1" VII

Anhang 9: Gesamtanzahl der Freunde nach dem Löschen von „freund1" aus „kartei1" VII

Literaturverzeichnis... **VIII**

Abbildungsverzeichnis

Abbildung 1: Aufbau eines UML-Klassendiagramms 5

Abbildung 2: Klassendiagramm der Klasse „Adresse" 6

Abbildung 3: Klassendiagramm der Klasse „Freund" 6

Abbildung 4: Klassendiagramm der Klasse „Kartei" 7

Abbildung 5: Klassendiagramm des Mainprogramms 7

Abbildung 6: Gesamtes Karteisystem in UML-Klassendiagrammen 8

Abbildung 7: Attribute und Konstruktor der Klasse „Adresse" 9

Abbildung 8: Getter- und Setter-Methoden des Attributs „straße" 10

Abbildung 9: Attribute und Konstruktor der Klasse „Freund" 10

Abbildung 10: Spezielle Methoden der Klasse „Freund" 11

Abbildung 11: Attribute und Konstruktor der Klasse „Kartei" 11

Abbildung 12: Methoden „getFreunde()" und „getGesamtanzahlFreunde()" 12

Abbildung 13: Methoden zum Hinzufügen und Löschen von Freunden in der Klasse „Kartei".. 12

Abbildung 14: Suchmethode „searchVorname()" in der Klasse "Kartei" 12

Abbildung 15: Instanziierung eines Kartei- und Freundobjekts 13

Abbildung 16: Suchmethode „searchNachname" am Beispiel der Suche „Müller" 13

Abbildung 17: Ausgabe aller Freunde aus „kartei1" 14

Abbildung 18: Berechnung der Gesamtanzahl der Freunde in „kartei1" im Mainprogramm 14

Abbildung 19: Ändern und Hinzufügen von Attributwerten bezüglich Objekten in „kartei1" 14

Abbildung 20: Löschen von „freund1" aus „kartei1" 14

Tabellenverzeichnis

Tabelle 1: Vier Sichtbarkeitsstufen von klassenbezogenen Attributen und Methoden in der Objektorientierung 3

1 Einleitung

1.1 Begründung der Problemstellung

Software ist aus unserem Alltag nicht mehr wegzudenken. Das Einsatzgebiet reicht von einfachen Apps auf dem Smartphone bis hin zu komplexen Fertigungsmaschinen in der Industrie. Im Rahmen von lauffähigen Programmen und den dazugehörigen Daten ermöglicht sie die gezielte Steuerung der Hardware und stellt somit Funktionen für die Bewältigung moderner Aufgabenstellungen bereit. Da diverse Anwendungsfelder mit unterschiedlichsten Ansprüchen bestehen, und immer das bestmögliche Ergebnis angestrebt wird, existiert eine breite Auswahl an Programmiersprachen. Eine der bedeutendsten Sprachen stellt dabei Java dar.

Ende der 1990er Jahre wurde die Entwicklung von Java fertiggestellt und seither hat die Programmiersprache nicht an Relevanz verloren. 48% der Software-Entwickler aus aller Welt gaben an im Jahr 2022 Java benutzt zu haben, wodurch die Sprache zu den fünf meistgenutzten Programmiersprachen weltweit gezählt werden kann. Gründe hierfür sind unter anderem die aus Java resultierenden plattformunabhängigen Programme, sowie umfangreiche Klassenbibliotheken, die es Entwicklern ermöglichen bereits bestehende Programmteile, die bestimmte Funktionalitäten bereitstellen, auf einfache Art und Weise in das eigene Programm zu integrieren.[1] [2]

1.2 Aufbau und Zielsetzung der Arbeit

Das Ziel der vorliegenden Arbeit besteht darin eine einfache Java-Anwendung zur Verwaltung eines elektronischen Karteisystems zu entwickeln. Hierfür werden alle notwendigen Klassen auf Basis zuvor konzipierter UML-Diagramme in Java programmiert und in ein Mainprogramm integriert, welches die praktische Umsetzung der Anforderungen realisiert.

Zuerst werden die theoretischen Grundlagen bezüglich der Programmiersprache Java und objektorientierten Programmierung geklärt. Des Weiteren werden Klassen und Methoden, sowie der Begriff der Unified Modeling Language, erläutert. Nach der Ausführung der Grundlagen erfolgt die Konzeption der erforderlichen Diagramme mit Hilfe der Unified Modeling Language. Im Anschluss daran werden diese erstellten Konzeptionen in Java umgesetzt. Dabei wird zudem auf

---

[1] Statista (2023), Onlinequelle
[2] vgl. Müller/Weichert (2023), S. 37 f.

strukturelle Verbesserung der Anwendung eingegangen. Am Schluss folgt eine Dokumentation der wichtigsten Ergebnisse der Arbeit mit einer darauffolgenden kritischen Würdigung.

2 Theoretische Grundlagen und Begriffsdefinitionen

2.1 Programmiersprache Java

Seit der Einführung im Jahr 1996 durch Sun Microsystems gehört Java bis heute zu den beliebtesten und bedeutendsten Programmiersprachen. Das liegt insbesondere daran, dass Java plattformunabhängig ist und dadurch auf beinahe jedem internetfähigen Gerät betrieben werden kann. Weiterhin sorgt der Umfang der Sprachbibliothek und die stetige Weiterentwicklung der Programmiersprache für eine hohe Relevanz. So kommt sie unter anderem im Unternehmensumfeld serverseitig für die Realisierung komplexer Anforderungen oder in der Forschung, beziehungsweise Lehre, zum Einsatz. Gerade die freie Verfügbarkeit in Kombination mit den eben erwähnten Merkmalen haben dafür gesorgt, dass Java im Lehrumfeld verwendet wird. Weitere essentielle Eigenschaften von Java sind die Objektorientierung, welche zu einem späteren Zeitpunkt dieser Arbeit präzise thematisiert wird, eine stark vereinfachte Struktur gegenüber anderen Programmiersprachen und eine ganzheitliche Laufzeitumgebung, die ein Speichermanagement und eine Fehlerkorrektur beinhaltet. Zuletzt sind die Netzwerkfunktionalitäten und der parallele Ablauf von eigenständigen Programmen mit der Synchronisation von konkurrierenden Datenzugriffen, was Multithreading genannt wird, zu erwähnen.[3] [4]

2.2 Objektorientierung

Im Rahmen der Softwareentwicklung ist die Relevanz der Objektorientierung unbestritten. Die starke Orientierung am menschlichen Denken ermöglich eine effektive Umsetzung realer Sachverhalte in Code. Der zentrale Gegenstand ist dabei ein Objekt, welches eine „...in seinem Gesamtkontext wahrnehmbare, identifizierbare und benennbare Einheit..."[5] darstellt. Objekte haben Attribute und Methoden und sind konkrete Ausprägungen einer Klasse, wobei letzteres als Vorlage zur sogenannten Instanziierung, also Erzeugung, eines eindeutig identifizierbaren Objekts fungiert.[6]

---

[3] vgl. Abts (2020), S. 1 - 4
[4] vgl. Wagenpfeil (2023), S. 1 - 3
[5] Weber/Gabriel/Lux/Menke (2022), S. 245
[6] vgl. Silberbauer (2020), S. 41 ff.

Wesentliche Grundprinzipien der Objektorientierung sind die eben angesprochenen Objekte und Klassen, welche in Klassendiagrammen konzipiert werden, sowie die Vererbung, der Polymorphismus und das Geheimnisprinzip. Letzteres stellt die Kapselung der Daten im Inneren des Objekts sicher, sodass der Zugriff lediglich über Methoden möglich ist. Der Polymorphismus beschreibt die Fähigkeit eines Objekts sich im Rahmen eines gleich benannten Methodenaufrufs durch die Verwendung von sich unterscheidenden Parametern differenziert zu verhalten. Wenn alle Attribute und Methoden einer Vater-Klasse an eine oder mehrere Sohn-Klassen weitergegeben werden wird von Vererbung gesprochen. Dabei können diese zusätzlich innerhalb der Sohn-Klasse überschrieben und durch weitere Eigenschaften ergänzt werden.[7]

2.3 Klassen, Attribute und Methoden

Wie bereits im vorherigen Kapitel kurz erwähnt dienen Klassen als Schablone zur Erzeugung von konkreten Objekten. Sie fassen somit gleichartige Objekte mit einer übereinstimmenden Struktur hinsichtlich ihrer Attribute, die in Form der konkreten Attributwerte als Daten den Zustand jedes Objekts beschreiben, und Methoden, welche zur Manipulation dieses Zustands dienen, zusammen. Zur Laufzeit der Anwendung kann dieser Zustand durch Methoden, welche spezifische Funktionalitäten bereitstellen, stets verändert werden. Hierfür können je nach Bedarf Rückgabewerte und die Übergabe von Parametern definiert werden. Alle Attribute besitzen zudem einen im Rahmen von Java vordefinierten Datentyp, wobei erstellte Klassen selbst als Datentyp für andere Klassen benutzt werden können. Weiterhin kann zur Umsetzung des Geheimnisprinzips (siehe Kapitel 2.2) die Sichtbarkeit von Attributen und Methoden anhand von vier Stufen eingeschränkt werden (siehe Tabelle 1).[8] [9]

	Zeichen	Dieselbe Klasse	Unterklasse	Dasselbe Package	Überall
private	-	Sichtbar			
protected	#	Sichtbar	Sichtbar	Sichtbar	
public	+	Sichtbar	Sichtbar	Sichtbar	Sichtbar
Keine Angabe (package)		Sichtbar		Sichtbar	

Tabelle 1: Vier Sichtbarkeitsstufen von klassenbezogenen Attributen und Methoden in der Objektorientierung[10]

---

[7] vgl. Weber/Gabriel/Lux/Menke (2022), S. 245 - 248
[8] vgl. Alpar/Alt/Bensberg/Czarnecki (2023), S. 451 - 453
[9] vgl. Ernst/Schmidt/Beneken (2020), S. 428 ff.
[10] ähnlich: Silberbauer (2020), S. 52

Jede Klasse wird in einem eigenen Klassendiagramm dargestellt und besitzt demzufolge ein aussagekräftiges Namens-, Attribut und Methodenfeld. Zwischen den Klassen kann eine Beziehung vom Typ Assoziation, Aggregation oder Komposition vorherrschen. Die Thematisierung des exakten Aufbaus eines Klassendiagramms und dessen Beziehungstypen folgt in Kapitel 2.4.[11]

2.4 Unified Modeling Language

Die Unified Modeling Language, kurz UML, umfasst als einheitliche Modellierungssprache mit 14 Diagrammtypen ein breites Portfolio zur Konzipierung von Informationssystemen. Dabei können grafische, wie auch semantische, Notationselemente zum Einsatz kommen, wobei die Ausrichtung auf eine abstrahierte Abbildung der Realität mittels Objekte gelegt wird. Somit ist insbesondere in den Entwicklungsphasen der objektorientierten Softwareentwicklung ein großer Nutzen gegeben. Grundsätzlich wird zwischen Struktur- und Verhaltensdiagrammen unterschieden. Für diese Arbeit wird der Fokus im Rahmen der Entwicklung der Java-Anwendung auf Klassendiagramme gelegt, welche zu den statischen Strukturdiagrammen gezählt werden.[12] [13]

Die Vorteile eines Klassendiagramms zur Modellierung der notwendigen Klassen einer Java-Anwendung sind zahlreich. Eine präzise Abbildung der statischen Struktur unter Berücksichtigung der Eigenschaften und Beziehungen einer Klasse kann grundlegend dargestellt werden. So besitzt jede Klasse einen Namen und eine Menge von Attributen und Methoden, welche in einem in drei Bereiche geteilten Rechteck modelliert werden. Jedes Attribut und jede Methode besitz einen Datentyp, bzw. Rückgabewert, und werden zusätzlich in eine Sichtbarkeitsstufe ein kategorisiert (siehe Abbildung 1).[14]

Zwischen den Klassendiagrammen können mehrere Beziehungen bestehen. Die Assoziation stellt dabei die einfachste Art einer Beziehung zwischen Klassen dar. Sie kann gerichtet sein und lässt eine generelle Vererbung der Attribute und Methoden an die Unterklasse zu (siehe Anhang 1), wohingegen eine Aggregation ausdrückt, dass die verbundene Klasse ein Teil einer Übergeordneten darstellt, aber auch alleine existieren kann (siehe Anhang 2). Die Komposition hingegen beschreibt eine stärkere Form der Aggregation in welcher die untergeordnete Klasse nicht ohne die verbundene existieren kann (siehe Anhang 3). Weiterhin kann mit Hilfe der Kardinalität die

---

[11] vgl. Alpar/Alt/Bensberg/Czarnecki (2023), S. 451 f., 455 f.
[12] vgl. Tremp (2022), S. 34 - 36
[13] vgl. Broy/Kuhrmann (2021), S. 135 - 137
[14] vgl. Broy/Kuhrmann (2021), S. 588 ff.

Beziehung mengenmäßig beschrieben werden. Sie gibt an wie viele Objekte einer Klasse mit exakt einem Objekt der verknüpften Klasse verbunden sind.[15] [16]

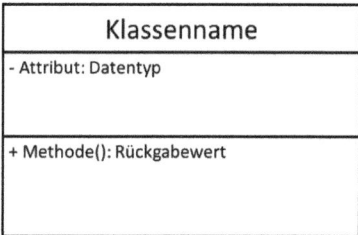

Abbildung 1: Aufbau eines UML-Klassendiagramms[17]

3 UML-Diagramm Konzeption

3.1 Klasse Adresse

Zu Beginn erfolgt die Konzipierung des Klassendiagramms der Klasse „Adresse". Hierfür werden zuerst alle notwendigen Attribute angelegt, welche unter anderem die Straße, Hausnummer, Postleitzahl und ein Schlüsselmerkmal beinhalten. Im Rahmen der Methoden wird primär der Konstruktor angelegt. Dieser dient der Initialisierung von Objekten einer Klasse und kann entweder parameterlos oder mit Parametern arbeiten. Im Falle der Klasse „Adresse" kommt letzteres zum Einsatz, wodurch alle spezifizierten Parameter bei der Initialisierung übergeben werden müssen.[18]

Aufgrund der Datenkapselung, welche durch die Sichtbarkeit der Attribute einer Klasse realisiert wird, müssen Methoden für den Zugriff und zur Manipulation der Daten erstellt werden. Die Umsetzung der Interaktion über eine definierte Schnittstelle erfolgt mit den sogenannten Getter- und Setter-Methoden, wobei diese jeweils für jedes einzelne Attribut angelegt werden. Im Rahmen von *private* deklarierten Variablen ermöglicht der Getter dabei das Auslesen von Daten, während der Setter die Funktion des Manipulierens übernimmt. Somit ergibt sich angesichts der Anforderungen das folgende Klassendiagramm für die Klasse „Adresse" (siehe Abbildung 2).[19]

---

[15] vgl. Alpar/Alt/Bensberg/Czarnecki (2023), S. 455 f.
[16] vgl. Ernst/Schmidt/Beneken (2020), S. 713 f.
[17] ähnlich: Broy/Kuhrmann (2021), S. 588
[18] vgl. Goll/Heinisch (2016), S. 99 - 101
[19] vgl. Riesen (2021), S. 92 - 94

```
┌─────────────────────────────────────────────┐
│                    Adresse                    │
├─────────────────────────────────────────────┤
│ - adressnummer: int                           │
│ - straße: String                              │
│ - hausnummer: String                          │
│ - stadt: String                               │
│ - postleitzahl: String                        │
├─────────────────────────────────────────────┤
│ + Adresse(adressnummer: int, straße: String,  │
│ hausnummer: String, stadt: String, postleitzahl:│
│ String)                                       │
│ + getAdressnummer(): int                      │
│ + setAdressnummer(adressnummer: int): void    │
│ + getStraße(): String                         │
│ + setStraße(straße: String): void             │
│ + getHausnummer(): String                     │
│ + setHausnummer(hausnummer: String): void     │
│ + getStadt(): String                          │
│ + setStadt(stadt: String): void               │
│ + getPostleitzahl(): String                   │
│ + setPostleitzahl(postleitzahl: String): void │
└─────────────────────────────────────────────┘
```

Abbildung 2: Klassendiagramm der Klasse „Adresse"[20]

3.2 Klasse Freund

Angesichts der Klasse „Freund" erfolgt die Konzipierung des Klassendiagramms gemäß dem identischen Vorgehen der vorherigen Klasse. Zwischen der Klasse „Freund" und der Klasse „Adresse" herrscht eine Beziehung, welche auf der Seite der Klasse „Freund" ein weiteres Attribut erfordert. Im Detail wird eine Liste vom Typ *Adresse* benötigt, da jeder einzelne Freund mehrere Adressen besitzen kann. Praktisch wurde dies mit dem Attribut *adressen: List<Adresse>* umgesetzt. Im Rahmen der Methoden wurden neben den Getter- und Setter-Methoden weitere Einträge zum Anlegen und Löschen von Adressen erstellt (siehe Abbildung 3).

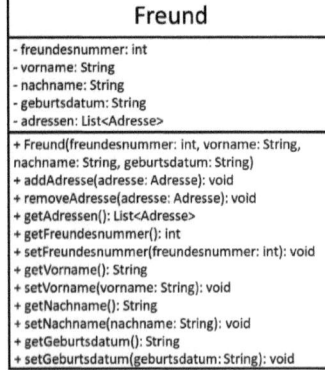

Abbildung 3: Klassendiagramm der Klasse „Freund"[21]

---

[20] Eigendarstellung
[21] Eigendarstellung

3.3 Klasse Kartei

Entgegen der beiden Klassen „Freund" und „Adresse" ist das Klassendiagramm „Kartei" deutlich anders strukturiert. Es existiert lediglich ein Attribut in Form einer Liste vom Typ *Freund*, welches für jedes einzelne Karteiobjekt alle Freunde beinhaltet. Bezüglich der Methoden erfolgt zuerst die Angabe eines parameterlosen Konstruktors, da die Liste einer Kartei zu Beginn auch ohne konkrete Einträge von Freunden angelegt werden kann. Zudem wurden weitere Operationen hinzugefügt, wie das Ausgeben der Freundesliste und der Gesamtanzahl aller Freunde, Suchfunktionalitäten und Methoden zum Hinzufügen, Löschen und Manipulieren von Freunden innerhalb eines Objekts der Klasse „Kartei" (siehe Abbildung 4).

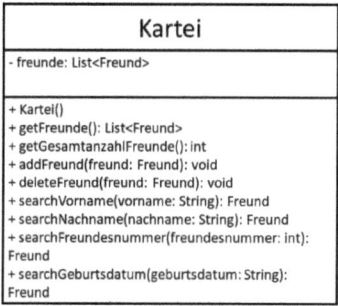

Abbildung 4: Klassendiagramm der Klasse „Kartei"[22]

3.4 Klasse Main

Die Klasse „Main" beinhaltet keine Attribute, da sie lediglich als Einstiegspunkt für das ausführbare Programm dient. Unter Berücksichtigung dieses Aspekts wird lediglich die hierfür notwendige Main-Methode definiert. Sie besitzt keinen Rückgabewert und benötigt als Übergabeparameter ein Feld von Zeichenketten (siehe Abbildung 5).[23]

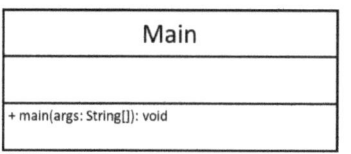

Abbildung 5: Klassendiagramm des Mainprogramms[24]

---

[22] Eigendarstellung
[23] vgl. Dörn (2019), S. 6
[24] Eigendarstellung

3.5 Gesamtes Karteisystem

Letztendlich werden die vier konzipierten Klassendiagramme anhand der Art ihres jeweiligen Zusammenhangs mit adäquaten Beziehungstypen verknüpft. Zwischen der Kartei und dem Mainprogramm besteht eine gerichtete Assoziation vom Typ *benutzt*, da letzteres die Klasse „Kartei" für dessen Operationen benutzt. „Kartei" und „Freund" sind durch eine Aggregation miteinander verbunden. Konkret bedeutet dies, dass die beiden Klassen miteinander in Beziehung stehen aber ein oder mehrere Objekte der Klasse „Freund", was durch einen * markiert wird, auch ohne eine Kartei existieren können. Eine Adresse hingegen kann nicht ohne einen Freund, zu welchem sie zugeordnet ist, existieren. Somit herrscht diesbezüglich eine Komposition vor. Da ein Freund mindestens eine Adresse besitzen kann wird auf der Seite „Freund" eine 1 und für „Adresse" ein * eingetragen.

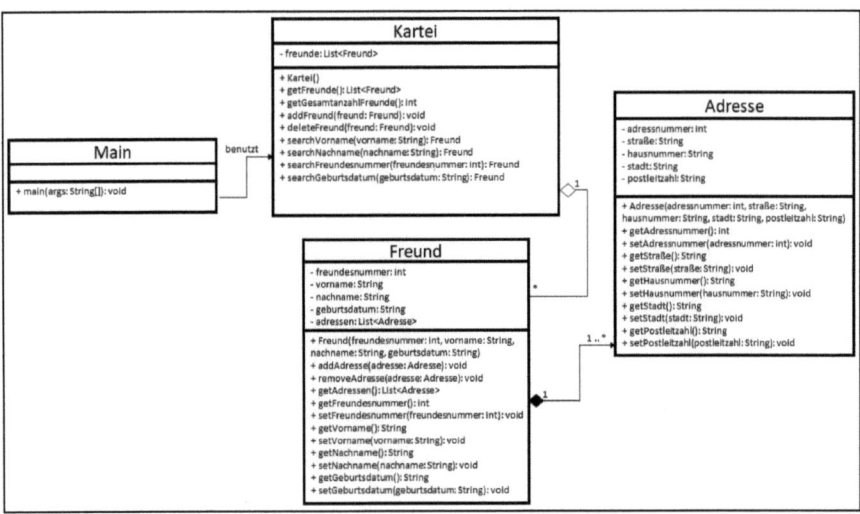

Abbildung 6: Gesamtes Karteisystem in UML-Klassendiagrammen[25]

---

[25] Eigendarstellung

4   Programmentwicklung in Java

4.1   Entwicklungsumgebung

Im Rahmen der Entwicklungsumgebung ist die Auswahl auf *Apache NetBeans IDE* gefallen. Die Anwendung ist kostenfrei und assistiert den Nutzer bei der Generierung von Programmcode durch die Unterstützung von zahlreichen Programmiersprachen, indem Fehler markiert werden und die Integration von vorgefertigten Programmteilen mit wenigen Klicks erfolgen kann. In Bezug auf Java ist dies von großer Wichtigkeit, da der Import von grundlegenden Klassen zur Nutzung von Standardmethoden unabdingbar ist. Weiterhin agiert NetBeans mit seiner übersichtlichen Darstellung und einem benutzerfreundlichen Handling im Interesse des Programmierers und kann somit zu einer verkürzten Entwicklungszeit beitragen. Die Anwendung wurde demzufolge lokal installiert und für die Umsetzung des Projekts verwendet.[26]

4.2   Umsetzung der Klasse Adresse

Am Anfang der Umsetzung des Karteisystems erfolgt die Realisierung der Klasse „Adresse" nach dem konzipierten Klassendiagramm (siehe Kapitel 3.1). Somit werden alle Attribute der Klasse, sowie der nach der Klasse benannte Konstruktor, in Java Code übersetzt (siehe Abbildung 7). Die Attribute werden direkt zu Beginn deklariert und sind *private*, wobei der Konstruktor *public* ist, da auf letzteres von außen zur Instanziierung zugegriffen werden muss. Dabei werden alle hierfür notwendigen Attribute übergeben.

```
public class Adresse {
    private int adressnummer;
    private String straße;
    private String hausnummer;
    private String stadt;
    private String postleitzahl;

    public Adresse(int adressnummer, String straße, String hausnummer, String stadt, String postleitzahl) {
        this.adressnummer = adressnummer;
        this.straße = straße;
        this.hausnummer = hausnummer;
        this.stadt = stadt;
        this.postleitzahl = postleitzahl;
    }
}
```

Abbildung 7: Attribute und Konstruktor der Klasse „Adresse"[27]

---

[26] o.V. (o.J.), Onlinequelle
[27] Screenshot: Apache NetBeans IDE

Als nächstes werden alle Getter- und Setter-Methoden für die Attribute der Klasse angelegt. Dadurch wird die Funktion der Kapselung umgesetzt, welche den Zugriff auf Attribute der Klasse von außerhalb auf ausgewählte Methoden beschränkt (siehe Abbildung 8).

```
public String getStraße() {
    return straße;
}

public void setStraße(String straße) {
    this.straße = straße;
}
```

Abbildung 8: Getter- und Setter-Methoden des Attributs „straße"[28]

Da die Klasse „Adresse" einen vergleichsweise kleinen Anteil des gesamten Karteisystems ausmacht und wenig Komplexität besitzt werden folglich keine weiteren Methoden benötigt.

4.3 Umsetzung der Klasse Freund

Hinsichtlich der Klasse „Freund" werden zu Beginn die klasseninternen Attribute und der Konstruktor gemäß dem entworfenen Klassendiagramm (siehe Kapitel 3.2) in Java programmiert. Eine Besonderheit stellt dabei das Attribut *List<Adresse> adressen* von Typ Adresse dar, welches die Beziehung zur Klasse „Adresse" herstellt und für jedes einzelne Objekt jeweils die zugehörigen Adressen in einer Liste speichert (siehe Abbildung 9).

```
public class Freund {
    private int freundesnummer;
    private String vorname;
    private String nachname;
    private String geburtsdatum;
    private List<Adresse> adressen;

    public Freund(int freundesnummer, String vorname, String nachname, String geburtsdatum) {
        this.freundesnummer = freundesnummer;
        this.vorname = vorname;
        this.nachname = nachname;
        this.geburtsdatum = geburtsdatum;
        this.adressen = new ArrayList<>();
    }
}
```

Abbildung 9: Attribute und Konstruktor der Klasse „Freund"[29]

---

[28] Screenshot: Apache NetBeans IDE
[29] Screenshot: Ebenda

Weiterhin wurden drei spezielle Methoden definiert, die das Hinzufügen und Löschen von Adressen, sowie das Auslesen der gesamten Adressliste, im Kontext eines Objekts vom Typ Freund ermöglichen (siehe Abbildung 10).

```java
public void addAdresse(Adresse adresse) {
    adressen.add(e adresse);
}

public void removeAdresse(Adresse adresse) {
    adressen.remove(o adresse);
}

public List<Adresse> getAdressen() {
    return adressen;
}
```

Abbildung 10: Spezielle Methoden der Klasse „Freund"[30]

Damit diese Methoden jedoch funktionieren können erfolgte der Import von fundamentalen Java Klassen (siehe Anhang 4). Der Grund hierfür ist die Verwendung der Methoden „add()" und „remove()" im Rahmen der selbst programmierten Methoden. Diese Bausteine ermöglichen das Hinzufügen und Löschen von Objekten.

4.4 Umsetzung der Klasse Kartei

Die Klasse „Kartei" ist in Bezug auf private Attribute und Konstruktor am wenigsten bestückt (siehe Kapitel 3.3). Sie weist lediglich ein Attribut vom Typ Freund in Form einer Liste auf, wobei der Konstruktor eine Instanziierung ohne dieses erlaubt, da eine Kartei auch mit einer leeren Liste an Freunden existieren kann (siehe Abbildung 11).

```java
public class Kartei {
    private List<Freund> freunde;

    public Kartei() {
        freunde = new ArrayList<>();
    }
}
```

Abbildung 11: Attribute und Konstruktor der Klasse „Kartei"[31]

Angesichts der Methoden nimmt die Klasse „Kartei" jedoch eine entscheidende Rolle ein. Da sie hauptsächlich von der Klasse „Main" benutzt wird befinden sich demzufolge der Großteil an maßgeblichen Operationen in ihr. Unter anderem die Methode „getFreunde()", welche die Felder der Liste „freunde" wiedergibt oder „getGesamtanzahlFreunde()", welche die Gesamtanzahl an Freunden in der Liste berechnet und eine ganze Zahl zurückgibt (siehe Abbildung 12).

---

[30] Screenshot: Apache NetBeans IDE
[31] Screenshot: Ebenda

```java
public List<Freund> getFreunde() {
    return freunde;
}

public int getGesamtanzahlFreunde() {
    return freunde.size();
}
```

Abbildung 12: Methoden „getFreunde()" und „getGesamtanzahlFreunde()"[32]

Des Weiteren stehen Methoden zum Hinzufügen und Löschen eines Freundes zu, bzw. aus, einem Karteiobjekt bereit (siehe Abbildung 13). Dabei wird jeweils der Freund, auf den sich die Operation bezieht, als Parameter übergeben.

```java
public void addFreund(Freund freund) {
    freunde.add(e: freund);
}

public void deleteFreund(Freund freund) {
    freunde.remove(o: freund);
}
```

Abbildung 13: Methoden zum Hinzufügen und Löschen von Freunden in der Klasse „Kartei"[33]

Damit die Anforderung der Suche erfüllt werden kann wurde für jedes angelegte Attribut eines Freundes eine Suchfunktion angelegt. Hierfür wird jeweils in Form einer „for-Schleife" die Freundesliste der Kartei durchsucht und der übergebene Parameter auf Übereinstimmung mit einem Attributwert eines Objekts überprüft. Stimmt ein Wert überein wird das entsprechende Objekt vom Typ Freund zurückgegeben. Beachtet werden muss dabei, dass die Suche nach der Freundesnummer anstatt der Methode „.equals()" ein „==" erfordert, da numerische Vergleiche nur mit letzterem funktionieren. Die untere Abbildung zeigt dabei den Programmcode für die Suche nach einem bestimmten Vornamen (siehe Abbildung 14).

```java
public Freund searchVorname(String vorname) {
    for (Freund freund : freunde) {
        if (freund.getVorname().equals(anObject:vorname)) {
            return freund;
        }
    }
    return null;
}
```

Abbildung 14: Suchmethode „searchVorname()" in der Klasse "Kartei"[34]

---

[32] Screenshot: Apache NetBeans IDE
[33] Screenshot: Ebenda
[34] Screenshot: Ebenda

4.5 Umsetzung des Mainprogramms

Bezüglich des Mainprogramm ist primär zu berücksichtigen, dass die Klasse aufgrund der *Apache NetBeans IDE* den gleichen Namen wie das angelegt Projekt besitzen muss. Somit handelt es sich bei der in den Screenshots beschriebenen Klasse „Karteisystem" um die zuvor konzipierte Klasse „Main".

Zu Beginn wurde ein Objekt vom Typ Kartei instanziiert und mit zwei Freunden gefüllt. Dabei wurde zudem eine Adresse erstellt und den jeweilen Objekten zugeordnet (siehe Abbildung 15).

```java
public class Karteisystem {
    public static void main(String[] args) {

        //Anlegen einer Kartei mit dem Konstruktor
        Kartei kartei1 = new Kartei();

        // Erstellen von Freund 1 mit einer Adresse und Hinzufügen zur Kartei
        Freund freund1 = new Freund(freundesnummer: 1, vorname: "Peter", nachname: "Schmidt", geburtsdatum: "14.07.1987");
        Adresse adresse1 = new Adresse(adressnummer: 1, straße: "Hausweg", hausnummer: "2", stadt: "München", postleitzahl: "80337");
        freund1.addAdresse(adresse: adresse1);
        kartei1.addFreund(freund: freund1);
```

Abbildung 15: Instanziierung eines Kartei- und Freundobjekts[35]

Anschließend wurde nach dem Nachnamen „Müller" unter Verwendungen der Suchmethode „searchNachname()" gesucht. Der Rückgabewert wird folglich in dem Objekt „gesuchterFreund" vom Typ „Freund" gespeichert und mit der Methode „System.out.println()" ausgegeben (Ergebnis siehe Anhang 5). Ein fortlaufender Zähler für eine übersichtliche Ausgabe wurde als „i" deklariert.

```java
System.out.println(x: "Suche nach Freunden: \n");

// Suche nach einem Freund anhand des Nachnamens Müller
Freund gesuchterFreund = kartei1.searchNachname(nachname: "Müller");
int i = 1;
if (gesuchterFreund != null) {
    System.out.println("Suche " + i + ": " + "Es wurde ein Freund gefunden! Der Name lautet: "
        + gesuchterFreund.getVorname() + " " + gesuchterFreund.getNachname());
} else {
    System.out.println(x: "Der gesuchte Freund wurde nicht gefunden.");
}
i++;
```

Abbildung 16: Suchmethode „searchNachname" am Beispiel der Suche „Müller"[36]

Nachfolgend werden alle Freunde aus der erstellten Kartei ausgegeben. Hierfür werden zwei „for-Schleifen" verschachtelt, wobei die erste Objekte des Typs „Freund" ausließt und die zweite anschließend innerhalb des jeweiligen Freundes durch eine zusätzliche die Schleife alle zugehörigen Adressobjekte ausgibt (siehe Abbildung 17, Ergebnis Anhang 6).

---

[35] Screenshot: Apache NetBeans IDE
[36] Screenshot: Ebenda

```
System.out.println(x: "\n \nAusgabe aller Freunde in Kartei 1: \n");

// Ausgabe der Adressliste aller Freunde
List<Freund> alleFreunde = kartei1.getFreunde();
i= 1;
for (Freund freund : alleFreunde) {
    List<Adresse> adressen = freund.getAdressen();
    System.out.println("Freund " + i + ":" + freund.getVorname() + " " + freund.getNachname());
    System.out.println(x: "Adressen:");
    for (Adresse adresse : adressen) {
        System.out.println("Adressnummer " + adresse.getAdressnummer() +": " + adresse.getStraße() + " " +
        adresse.getHausnummer() + ", " + adresse.getPostleitzahl() + " " + adresse.getStadt());
    }
    System.out.println();
    i++;
}
```

Abbildung 17: Ausgabe aller Freunde aus „kartei1"[37]

Die Berechnung der Gesamtanzahl der Freunde in einer Kartei wurde in der folgenden Abbildung konkret angewendet. Hierfür ruft das Objekt „kartei1" die erstellte Methode „getGesamtanzahlFreunde()" auf und erhält eine ganze Zahl als Wert zurück, welche in dem Attribut „gesamtanzahlFreunde" gespeichert und durch „System.out.println()" ausgegeben wird (siehe Abbildung 18, Ergebnis Anhang 7).

```
// Gesamtanzahl der Freunde in der Kartei ausgeben
int gesamtanzahlFreunde = kartei1.getGesamtanzahlFreunde();
System.out.println("Die derzeitige Gesamtanzahl der Freunde beträgt: " + gesamtanzahlFreunde);
```

Abbildung 18: Berechnung der Gesamtanzahl der Freunde in „kartei1" im Mainprogramm[38]

Als nächstes wird der Vorname von „freund2" zu „Hanna" geändert, sowie eine neue Adresse „adresse4" angelegt und zu „freund1" hinzugefügt (siehe Abbildung 19, Ergebnis Anhang 8).

```
// Ändern des Vornames von Freund 2
freund2.setVorname(vorname: "Hanna");

//Hinzufügen einernAdresse zu Freund 1
Adresse adresse4 = new Adresse(adressnummer: 4, straße: "Bergweg", hausnummer: "34", stadt: "Garmisch", postleitzahl: "82470");
freund1.addAdresse(adresse: adresse4);
```

Abbildung 19: Ändern und Hinzufügen von Attributwerten bezüglich Objekten in „kartei1"[39]

Zuletzt wird freund1" aus Kartei gelöscht. Wird anschließend erneuert die Gesamtanzahl der Freunde ausgelesen ist der Wert um 1 verringert (siehe Abbildung 20, Ergebnis Anhang 9).

```
// Löschen von Freund 1 aus der Kartei
kartei1.deleteFreund(freund: freund1);
```

Abbildung 20: Löschen von „freund1" aus „kartei1"[40]

---

[37] Screenshot: Apache NetBeans IDE
[38] Screenshot: Ebenda
[39] Screenshot: Ebenda
[40] Screenshot: Ebenda

4.6   Strukturelle Verbesserungen der Anwendung

Die programmierte Anwendung erfüllt die definierten Anforderungen an das Karteisystem. Jedoch können weitere Verbesserungen hinsichtlich Integrität, Benutzerfreundlichkeit und Persistenz erreicht werden.

Eine verbesserte Integrität kann erreicht werden, indem ein automatischer Zähler bezüglich der Schlüsselattribute eingeführt wird. Da das Schlüsselattribut den Zweck zur eindeutigen Identifizierung eines Objekts erfüllt können diesbezüglich doppelte Werte, sowie Lücken beim Hochzählen vermieden werden, wodurch eine korrekte Zuweisung immer gewährleistet ist.

Eine weitere Verbesserungsmöglichkeit stellt eine grafische und interaktive Oberfläche dar. Sie ermöglicht die dynamische Eingabe von Werten und sorgt somit für eine benutzerfreundliche Verwendung und einen wechselseitigen Dialog zwischen Nutzer und Anwendung.

Zuletzt kann noch im Rahmen der persistenten Speicherung der Daten ein Speicher in Form einer Datei, oder bevorzugt Datenbank, angeführt werden. Folglich sind die Daten selbst nach einem Neustart oder Fehler im Programm beständig und können damit weiterhin verwendet werden.

5   Schluss

5.1   Zusammenfassung

Das Ziel des vorliegenden Assignments war die Entwicklung einer einfachen Java-Anwendung zur Verwaltung eines elektronischen Karteisystems auf Basis von vier konzipierten UML-Diagrammen der hierfür erforderlichen Klassen. Zusammenfassend hat sich aus der Arbeit ergeben, dass das Vorhaben unter Verwendung der entworfenen UML-Diagramme erfolgreich umgesetzt, wobei die Relevanz der Konzeptionsphase verdeutlicht werden konnte. Hinsichtlich struktureller Verbesserungen der Anwendung im Rahmen der vorgegebenen Struktur konnten wesentliche Vorschläge angeführt werden.

Zuerst wurden die Grundlagen hinsichtlich der Programmiersprache Java und objektorientierten Programmierung erläutert. Auf wesentliche Merkmale objektorientierter Vorhaben wurden dabei eingegangen. Im Anschluss daran wurden Klassen und Methoden, sowie elementare Inhalte der Unified Modeling Language, unter Erläuterung der zugehörigen Theorie dargestellt.

Nach der Darstellung der theoretischen Grundlagen fand die Konzipierung von vier konkreten UML-Diagrammen angesichts der geforderten Klassen statt. Als konkrete Diagrammart ist das Klassendiagramm zur Abbildung der Inhalte zum Einsatz gekommen. Zur Verdeutlichung der Zusammenhänge zwischen den Klassen wurde im Rahmen der UML eine Gesamtübersicht des Karteisystems erstellt.

Auf Grundlage der erstellten UML-Diagramme erfolgte schließlich die Umsetzung des Gesamtsystems in Java Programmiercode. Diesbezüglich wurde kurz die Entwicklungsumgebung angeführt, woraufhin die konkrete Anwendung realisiert wurde. In Anbetracht der aus der Aufgabenstellung resultierenden Anforderungen konnten grundlegende Verbesserungsvorschläge zum Karteisystem angebracht werden. Die gelernten Grundlagen wurden somit effektiv in die Praxis übertragen. Die Hervorhebung der Bedeutung der Konzeptionsphase für ein erfolgreiches Softwareprojekts hat stattgefunden.

5.2 Kritische Würdigung

Der begrenzte Umfang der vorliegenden Arbeit war ausschlaggebend dafür, dass lediglich vier Klassen im Rahmen der UML konzipiert und in die geforderte Java-Anwendung umgesetzt werden konnten. Die definierte Zielsetzung der Arbeit wurde jedoch hinsichtlich dieser Einschränkung nicht beeinträchtigt und das elektronische Karteisystem konnte gemäß den Anforderungen realisiert werden.

Vor allem in der Konzeptionsphase, welche sich grundlegend mit der Zielsetzung des Projekts und den zugehörigen Entwürfen befasst, existiert eine Vielzahl an Möglichkeiten zur Erstellung von Klassen. Werden alle potentiellen Klassen für das Gesamtsystem über die Grenzen der Aufgabenstellung erfasst, kann die gesamte Funktionsweise des Systems weiter präzisiert werden und somit das Risiko der Nichterreichung des Projektziels weiter minimiert werden.

Zuletzt ist bezüglich der Umsetzung der UML-Diagramme zu erwähnen, dass für zukünftige Arbeiten mit dem Karteisystem ein höherer Detaillierungsgrad hinsichtlich der Klassendiagramme angestrebt werden sollte. Zusätzliche Attribute und Methoden, sowie umfangreichere Ausführungen, ermöglichen folglich mehr Handlungsspielraum und Funktionalitäten innerhalb der Grenzen des Gesamtsystems.

Anhang

Anhang 1: Gerichtete Assoziation..VI

Anhang 2: Aggregation...VI

Anhang 3: Komposition VI

Anhang 4: Import von Java Klassen für die Verwendung von Standardmethoden VI

Anhang 5: Ergebnis der Suche nach dem Nachnamen „Müller"................................VI

Anhang 6: Ergebnis zur Ausgabe aller Freunde in „kartei1"................................. VII

Anhang 7: Ergebnis zur Berechnung der Gesamtanzahl der Freunde in „kartei1"..................... VII

Anhang 8: Ergebnisse durch das Manipulieren von Attributwerten in „kartei1" VII

Anhang 9: Gesamtanzahl der Freunde nach dem Löschen von „freund1" aus „kartei1" VII

Anhang 1: Gerichtete Assoziation[41]

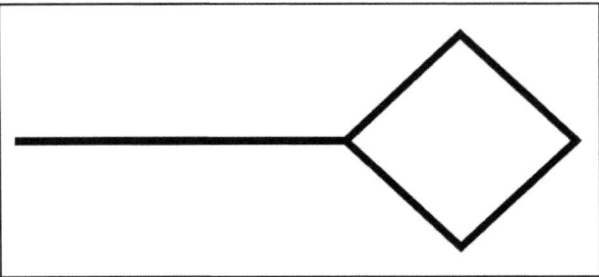

Anhang 2: Aggregation[42]

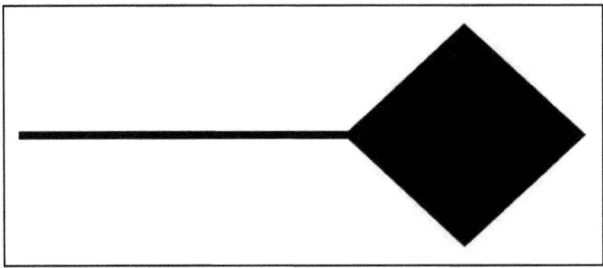

Anhang 3: Komposition[43]

```
import java.util.ArrayList;
import java.util.List;
```

Anhang 4: Import von Java Klassen für die Verwendung von Standardmethoden[44]

```
Suche nach Freunden:

Suche 1: Es wurde ein Freund gefunden! Der Name lautet: Anna Müller
```

Anhang 5: Ergebnis der Suche nach dem Nachnamen „Müller"[45]

---

[41] ähnlich: Ernst/Schmidt/Beneken (2020), S. 713
[42] ähnlich: Ebenda, S. 714
[43] ähnlich: Ebenda, S. 714
[44] Screenshot: Apache NetBeans IDE
[45] Screenshot: Ebenda

```
Ausgabe aller Freunde in Kartei 1:

Freund 1:Peter Schmidt
Adressen:
Adressnummer 1: Hausweg 2, 80337 München

Freund 2:Anna Müller
Adressen:
Adressnummer 2: Testweg 3, 82418 Murnau
Adressnummer 3: Holzweg 7, 80338 München
```

Anhang 6: Ergebnis zur Ausgabe aller Freunde in „kartei1"[46]

```
Die derzeitige Gesamtanzahl der Freunde beträgt: 2
```

Anhang 7: Ergebnis zur Berechnung der Gesamtanzahl der Freunde in „kartei1"[47]

```
Ausgabe der aktualisierten Freundesliste aus Kartei 1:

Freund 1:Peter Schmidt
Adressen:
Adressnummer 1: Hausweg 2, 80337 München
Adressnummer 4: Bergweg 34, 82470 Garmisch

Freund 2:Hanna Müller
Adressen:
Adressnummer 2: Testweg 3, 82418 Murnau
Adressnummer 3: Holzweg 7, 80338 München
```

Anhang 8: Ergebnisse durch das Manipulieren von Attributwerten in „kartei1"[48]

```
Die neue Gesamtanzahl der Freunde beträgt: 1
```

Anhang 9: Gesamtanzahl der Freunde nach dem Löschen von „freund1" aus „kartei1"[49]

---

[46] Screenshot: Apache NetBeans IDE
[47] Screenshot: Ebenda
[48] Screenshot: Ebenda
[49] Screenshot: Ebenda

Literaturverzeichnis

Abts, Dietmar (2020): Grundkurs JAVA – Von den Grundlagen bis zu Datenbank- und Netzanwendungen (E-Book: pdf-Dokument), 11. aktualisierte und überarbeitete Auflage, Wiesbaden.

Alpar, Paul/Alt, Rainer/Bensberg, Frank/Czarnecki, Christian (2023): Anwendungsorientierte Wirtschaftsinformatik – Strategische Planung, Entwicklung und Nutzung von Informationssystemen (E-Book: pdf-Dokument), 10. Auflage, Wiesbaden.

Broy, Manfred/Kuhrmann, Marco (2021): Einführung in die Softwaretechnik (E-Book: pdf-Dokument), Berlin.

Dörn, Sebastian (2019): Java lernen in abgeschlossenen Lerneinheiten – Programmieren für Einsteiger mit vielen Beispielen (E-Book: pdf-Dokument), Wiesbaden.

Ernst, Hartmut/Schmidt, Jochen/Beneken, Gerd (2020): Grundkurs Informatik – Grundlagen und Konzepte für die erfolgreiche IT-Praxis - Eine umfassende, praxisorientierte Einführung (E-Book: pdf-Dokument), 7. erweiterte und aktualisierte Auflage, Wiesbaden.

Goll, Joachim/Heinisch, Cornelia (2016): Java als erste Programmiersprache – Grundkurs für Hochschulen (E-Book: pdf-Dokument), 8. überarbeitete Auflage, Wiesbaden.

Müller, Heinrich/Weichert, Frank (2023): Vorkurs Informatik – Der Einstieg ins Informatikstudium (E-Book: pdf-Dokument), 6. Auflage, Wiesbaden.

o.V. (o.J.), https://netbeans.apache.org/ (Zugriff am 02.07.2023).

Riesen, Kaspar (2021): Java in 14 Wochen – Ein Lehrbuch für Studierende der Wirtschaftsinformatik (E-Book: pdf-Dokument), Wiesbaden.

Silberbauer, Christian (2020): Einstieg in Java und OOP – Grundelemente, Objektorientierung, Design-Patterns und Aspektorientierung (E-Book: pdf-Dokument), 2. aktualisierte und erweiterte Auflage, Berlin.

Statista (2023), https://www-statista-com.gw.akad-d.de/statistics/869092/worldwide-software-developer-survey-languages-used/ (Zugriff am 05.06.2023).

Tremp, Hansruedi (2022): Agile objektorientierte Anforderungsanalyse – Planen - Ermitteln - Analysieren - Modellieren - Dokumentieren - Prüfen (E-Book: pdf-Dokument), Wiesbaden.

Wagenpfeil, Stefan (2023): Moderne Software-Entwicklung mit Java und JEE – Ein praxisorientiertes Lehrbuch für effiziente Programmierung (E-Book: pdf-Dokument), Berlin.

Weber, Peter/Gabriel, Roland/Lux, Thomas/Menke, Katharina (2022): Basiswissen Wirtschaftsinformatik (E-Book: pdf-Dokument), 4. aktualisierte und erweiterte Auflage, Wiesbaden.